Regina Helena Mantovani (Org.)

CRESCER EM COMUNHÃO

CATEQUESE INFANTIL

Livro do catequizando

Autores

Simone Maciel Fernandes

Márcia Portilho

EDITORA
VOZES

Petrópolis

© 2014, Editora Vozes Ltda.
Rua Frei Luís, 100
25689-900 Petrópolis, RJ
www.vozes.com.br
Brasil

1ª edição, 2014.

16ª reimpressão, 2024.

Imprimatur

Dom José Antônio Peruzzo
Bispo das Dioceses de Palmas e Francisco Beltrão
Responsável pela Animação Bíblico-Catequética no Regional Sul II - CNBB
Novembro de 2013

CONSELHO EDITORIAL

Diretor
Volney J. Berkenbrock

Editores
Aline dos Santos Carneiro
Edrian Josué Pasini
Marilac Loraine Oleniki
Welder Lancieri Marchini

Conselheiros
Elói Dionísio Piva
Francisco Morás
Gilberto Gonçalves Garcia
Ludovico Garmus
Teobaldo Heidemann

Secretário executivo
Leonardo A.R.T. dos Santos

PRODUÇÃO EDITORIAL

Aline L.R. de Barros
Jailson Scota
Marcelo Telles
Mirela de Oliveira
Natália França
Otaviano M. Cunha
Priscilla A.F. Alves
Rafael de Oliveira
Samuel Rezende
Vanessa Luz
Verônica M. Guedes

Projeto gráfico e diagramação: Ana Maria Oleniki
Ilustrações: Vanessa Alexandre
Capa: Ana Maria Oleniki

ISBN 978-85-326-4771-9

Este livro foi composto e impresso pela Editora Vozes Ltda.

Sumário

Apresentação

Queridos catequizandos,
Prezados pais e familiares,
Estimados catequistas,

Chegou a hora de retornarmos ao caminho. Podemos dizer que foi um longo percurso, marcado por muitas reuniões de estudos, de reflexões e de orações. Foi justamente este o ritmo dos que se empenharam em preparar estes livros de catequese que fazem parte da Coleção Crescer em Comunhão. São páginas portadoras de preciosos conteúdos, expostos com cuidados didáticos e com muita sensibilidade pedagógica.

Também podemos dizer que seus autores trabalharam com muita dedicação, tendo os olhos fixos nas experiências e no anseio de fazer ecoar e ressoar a Palavra de Deus para os interlocutores da catequese: catequizandos, catequistas e familiares.

A vocês, prezados pais e familiares, recordo-lhes que, em catequese, nada é tão decisivo quanto o interesse e a participação de vocês. Seu testemunho de fé e seu entusiasmo pela formação catequética de seus filhos farão com que eles percebam a grandeza do que lhes é oferecido e ensinado.

Agora, pronta a obra, é chegada a hora de entregá-la aos destinatários. É um bom instrumento, de muita utilidade. Mas a experiência de fé vem de outra fonte, do encontro com Jesus Cristo. Por Ele vale a pena oferecer o melhor para, juntos, crescermos em comunhão.

D. José Antônio Peruzzo
Bispo da Diocese de Palmas e Francisco Beltrão
Responsável pela Animação Bíblico-Catequética no Regional Sul II – CNBB

Queridos catequizandos,

Jesus, muitas vezes, mesmo cansado, deu atenção às crianças que, com suas mães, vinham vê-lo. Curou as que estavam doentes, abençoou-as colocando as mãos sobre suas cabeças, disse palavras de carinho e proteção.

Como conhecia o coração sincero das crianças, Jesus deu exemplos para ensinar os adultos a serem como as crianças. Ele disse: "Deixai vir a mim as criancinhas e não as impeçais, pois o Reino de Deus é daqueles que são como elas. Eu vos asseguro: Quem não receber o Reino de Deus como uma criança, jamais nele entrará" (cf. Lc 18,15-18).

Com tudo isso, podemos dizer que Jesus ama muito vocês e os quer bem pertinho dele! Assim, nós, catequistas, preparamos para vocês um jeito gostoso e divertido de conhecê-lo cada vez mais, de aprender com suas mensagens, com seus exemplos, enfim, do seu jeito de dizer que nos quer ver sempre muito felizes.

Para isso, convidamos vocês para caminharmos juntos e aprender a amar Jesus e aos irmãos cada vez mais: vocês, o seu catequista e sua família.

Contamos com vocês!

Márcia e Simone
autoras

Temas para conhecer e amar Jesus

QUE GRANDE ALEGRIA, JESUS NASCEU!

GLÓRIA A DEUS NAS ALTURAS!

Ouça de seu catequista a história do nascimento de Jesus. Depois complete a cena do presépio recortando a manjedoura com Jesus recém-nascido na página 95 e cole-a.

Nasceu-vos hoje, na cidade de Davi, um salvador, que é Cristo Senhor (Lc 2,11).

Assim como os pastores acolheram Jesus, você também pode acolhê-lo hoje em seu coração e em sua vida.

✸ Escolha uma atitude que você pode ter para deixar Jesus nascer no seu coração, na sua vida. Responda desenhando.

Jesus nasceu para que possamos ser mais felizes.

✸ Vamos agradecê-lo dizendo que em nosso coração há lugar para Ele, rezando:

Jesus, quero ser uma pessoa melhor.
Quero tua presença na minha vida.
Ajuda-me a viver no teu amor.

ESCREVER   DESENHAR   RECORTAR   COLAR

JESUS É NOSSO AMIGO

Jesus cuida de nós e está sempre ao nosso lado.

Deixai vir a mim as crianças e não as impeçais, pois o Reino de Deus é daqueles que são como elas (Mc 10,14).

Você também faz parte do grupo de amigos de Jesus.

✦ Desenhe-se na cena dos amigos de Jesus e pinte-a. Depois, com a ajuda de seu catequista, escreva uma mensagem para Ele.

Deixamos nosso amigo Jesus bem alegre quando acolhemos e cuidamos das pessoas.

⭐ Converse com seu catequisa como fazer isso.

⭐ Vamos conversar com Jesus, rezando.

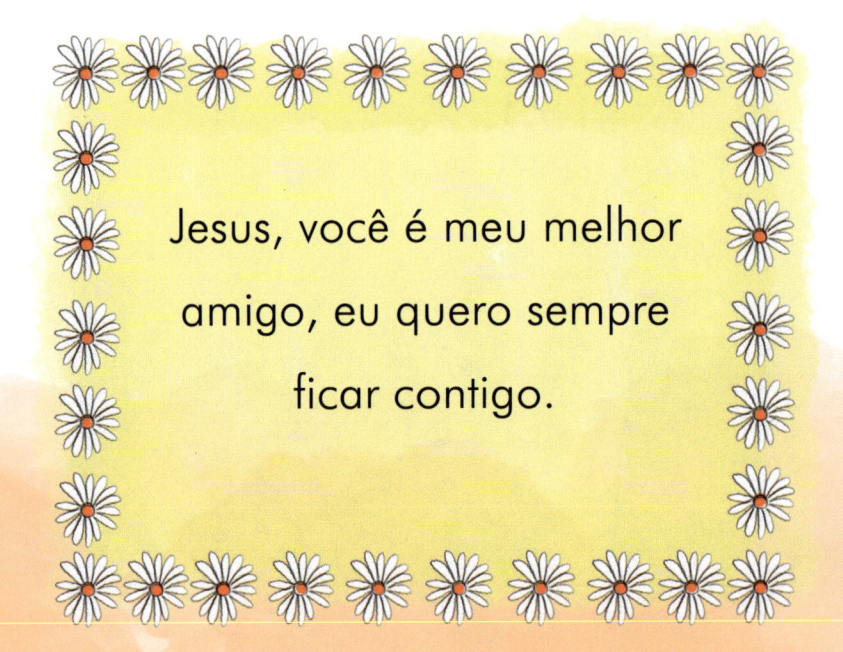

Jesus, você é meu melhor

amigo, eu quero sempre

ficar contigo.

 ESCREVER DESENHAR RECORTAR COLAR

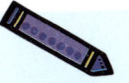

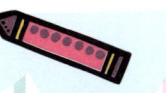

A BÍBLIA NOS FALA DE JESUS

Quero aprender mais sobre Jesus lendo a Bíblia.

Hoje se cumpriu esta passagem da Escritura, que vocês acabam de ouvir (cf. Lc 4,21).

Jesus frequentava sempre o Templo para orar e ler a Sagrada Escritura, a Bíblia. Sabemos disso porque as histórias que falam dele, sobre o que fez e ensinou, estão na Bíblia.

Vamos participar do jogo de dados e aprender muito mais sobre o que a Bíblia nos fala de Jesus. Siga as orientações do seu catequista.

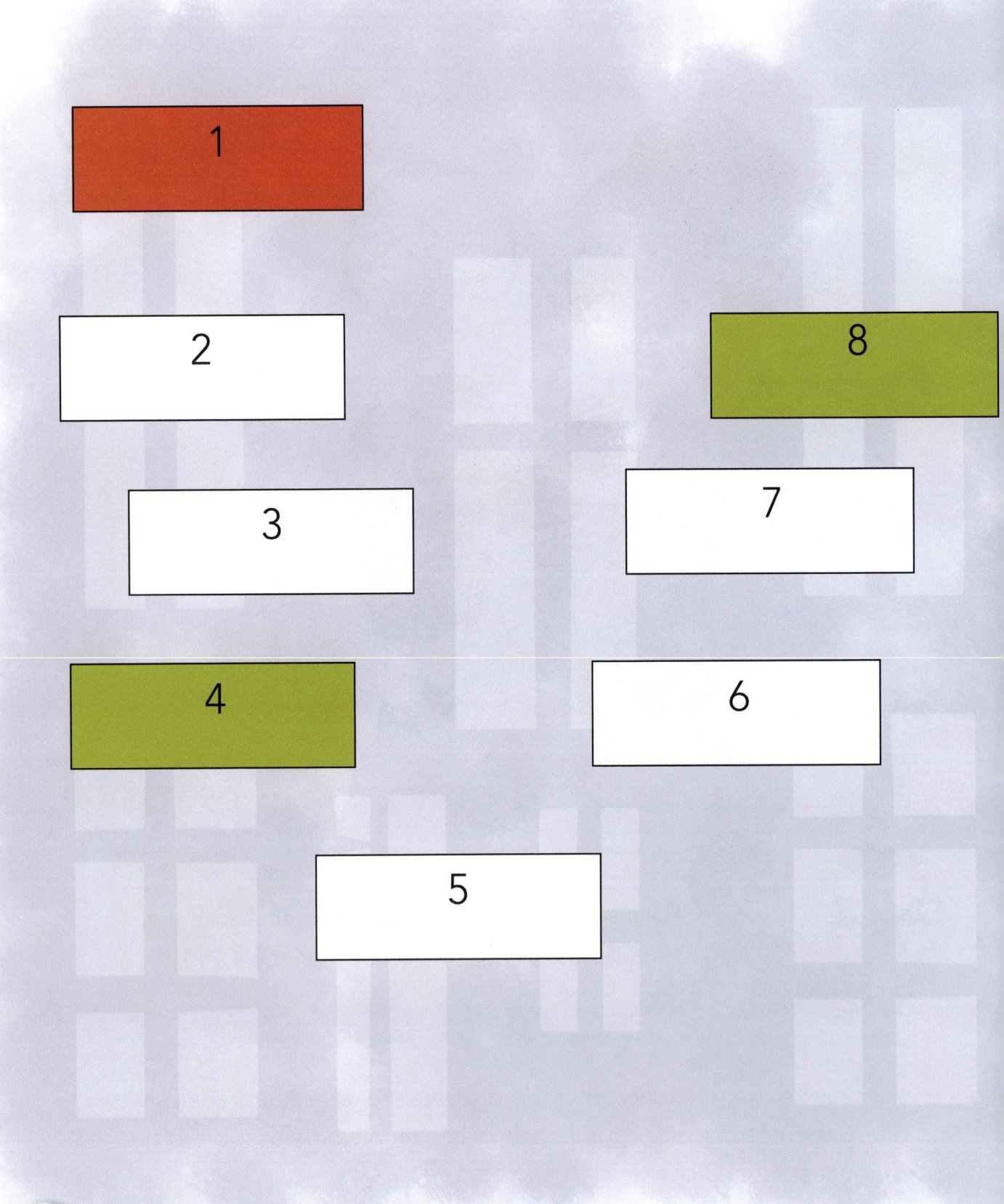

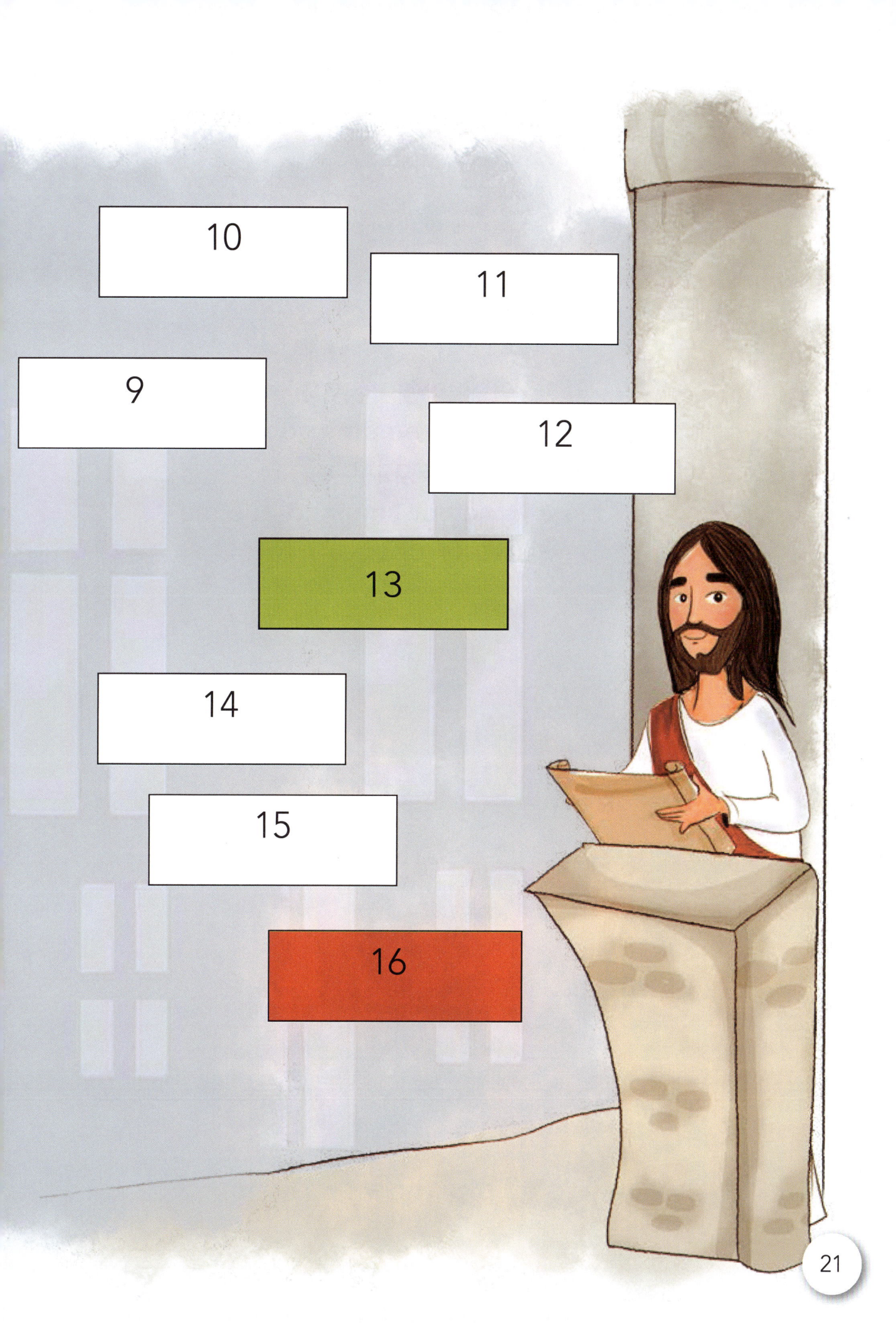

⭐ Vamos estender a mão direita em direção à Bíblia e rezar? Atenção às palavras do catequista!

Querido Jesus,
permita que eu ame cada vez mais a Bíblia.
Ela é o melhor caminho que me levará a ti.
Amém.

ESCREVER DESENHAR RECORTAR COLAR

   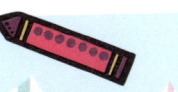 

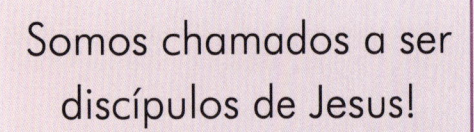

Somos chamados a ser discípulos de Jesus!

O que é discípulo?

Todas as pessoas que seguem os ensinamentos de Jesus!

Jesus escolheu doze homens para ficarem em sua companhia e para enviá-los a pregar (cf. Mc 3,14a).

Jesus chamou os discípulos e continua a chamar as pessoas de hoje para ajudá-lo a ensinar como devemos amar as pessoas. Para seguir Jesus e fazer o que nos pede é preciso que tenhamos atitudes parecidas com a dele: respeitar, falar a verdade, perdoar, ser carinhoso.

✧ Pinte as placas onde estão escritas as atitudes que nos aproximam de Jesus e nos ajudam a continuar a sua missão.

Obrigado, Jesus, por me chamar
a te seguir.
Ainda sou pequeno, mas quero te
conhecer melhor,
quero te seguir e quero ser teu
discípulo.

 ESCREVER DESENHAR RECORTAR COLAR

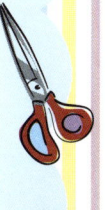

   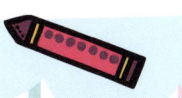 

5

É PRECISO AMAR DE VERDADE

JESUS NOS ENSINA QUE DEVEMOS AJUDAR O PRÓXIMO.

Vai e faze tu o mesmo! (Lc 10,37b).

E quem é o próximo?

Para saber observe as cenas e converse com seus colegas e catequista.

O próximo é toda pessoa que precisa de nossa ajuda.

✦ Procure no caça-palavras as atitudes que devemos ter para com nosso próximo e assim deixar Jesus bem feliz!

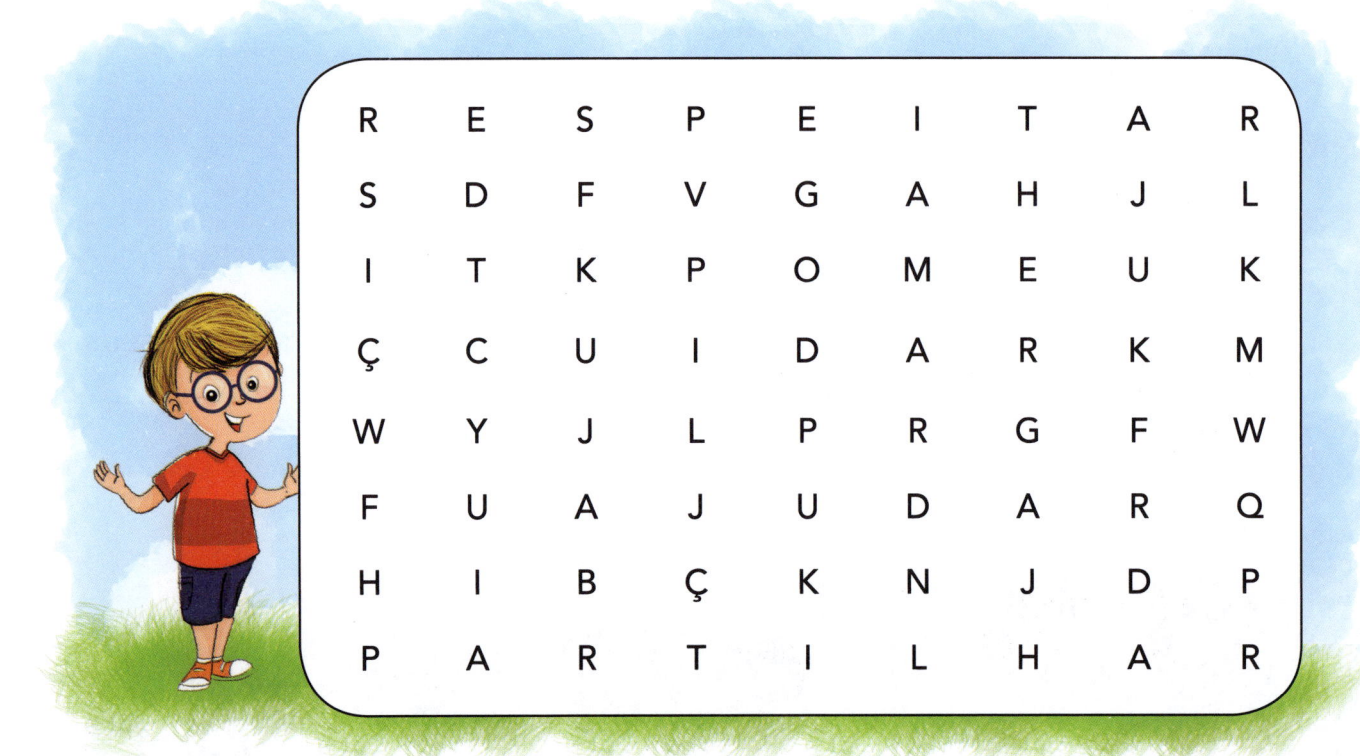

R	E	S	P	E	I	T	A	R
S	D	F	V	G	A	H	J	L
I	T	K	P	O	M	E	U	K
Ç	C	U	I	D	A	R	K	M
W	Y	J	L	P	R	G	F	W
F	U	A	J	U	D	A	R	Q
H	I	B	Ç	K	N	J	D	P
P	A	R	T	I	L	H	A	R

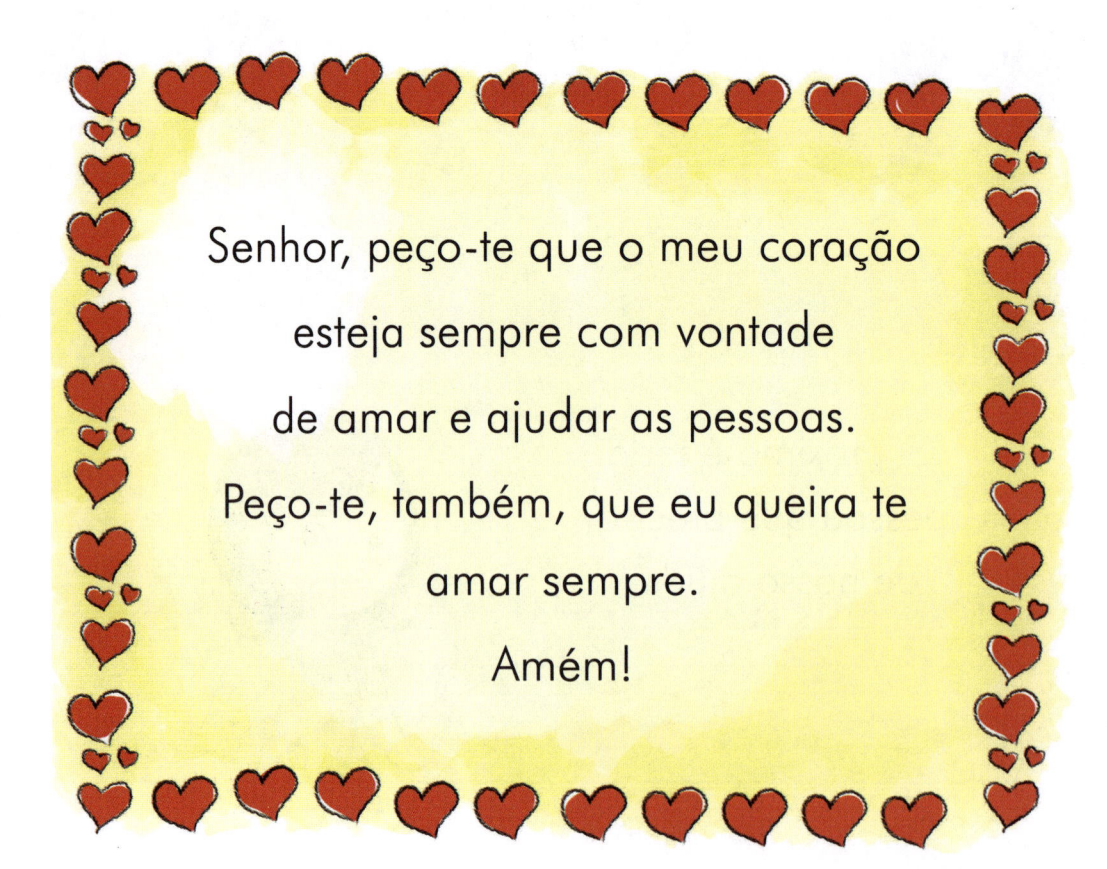

Senhor, peço-te que o meu coração

esteja sempre com vontade

de amar e ajudar as pessoas.

Peço-te, também, que eu queira te

amar sempre.

Amém!

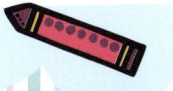

6

A PARTILHA NOS FAZ FELIZES

Partilhar é repartir o que temos com quem não tem.

Depois Jesus tomou os pães e os peixes; partiu-os e deu aos discípulos, e eles os distribuíram para a multidão (cf. Mt 14,19b).

Jesus se preocupou com as pessoas que estavam com fome e repartiu pães e peixes de modo que todos se alimentassem.

Observe o desenho para descobrir as respostas das perguntas. Siga as dicas da minha amiga.

Quantos pães havia para serem divididos com a multidão?

Conte na ilustração quantas crianças estão andando em direção a Jesus, para saber a resposta.

Quantos peixes havia?

Para saber a resposta conte quantas pessoas têm nas mãos uma flor!

Jesus querido, peço hoje que o meu coração seja aberto para a partilha. Dá-me a graça de partilhar com alegria!

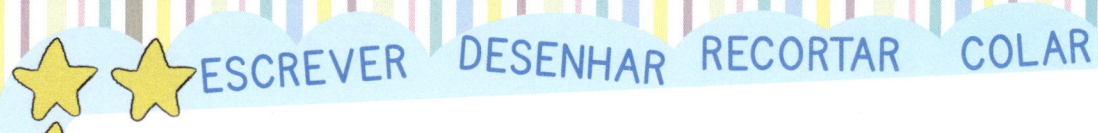

ESCREVER DESENHAR RECORTAR COLAR

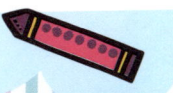

7

JESUS, AUMENTA A NOSSA FÉ!

Se ela for cuidada, pode acreditar que irá se desenvolver e crescer cada vez mais.

Como pode, de uma semente tão pequena, nascer uma árvore tão grande?

Assim é nossa fé em Jesus. Cada dia precisamos cuidar desta sementinha que é a nossa fé para vê-la crescer e torná-la forte como esta árvore, e assim manter nossa amizade com Jesus.

Os apóstolos disseram ao Senhor: aumenta-nos a fé (Lc 17,5).

✩ Ouça a história que seu catequista irá contar. Depois faça um desenho mostrando como o casal de agricultores da história confiava em Deus.

✩ Com a ajuda de seu catequista escreva as atitudes de quem confia em Deus.

A FÉ NOS AJUDA A SERMOS SEMPRE AMIGOS DE JESUS.

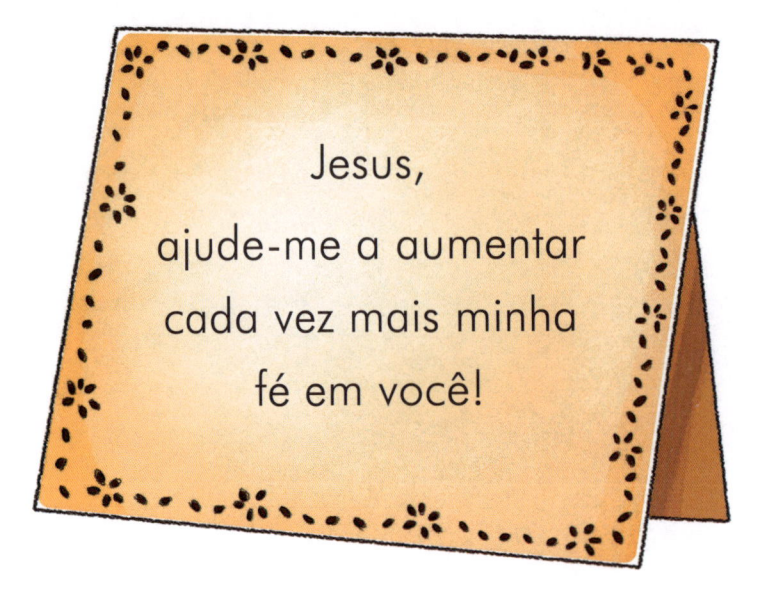

Jesus,
ajude-me a aumentar
cada vez mais minha
fé em você!

ESCREVER DESENHAR RECORTAR COLAR

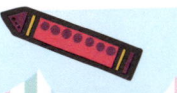

O que Jesus está fazendo?

Ele está rezando.

Senhor, ensina-nos a rezar (Lc 11,1b).

✩ Ouça a história da Joaninha contada por seu catequista e siga as suas orientações para ilustrá-la.

✩ Agora, converse com os seus colegas e catequista sobre a história e partilhem o desenho que fizeram.

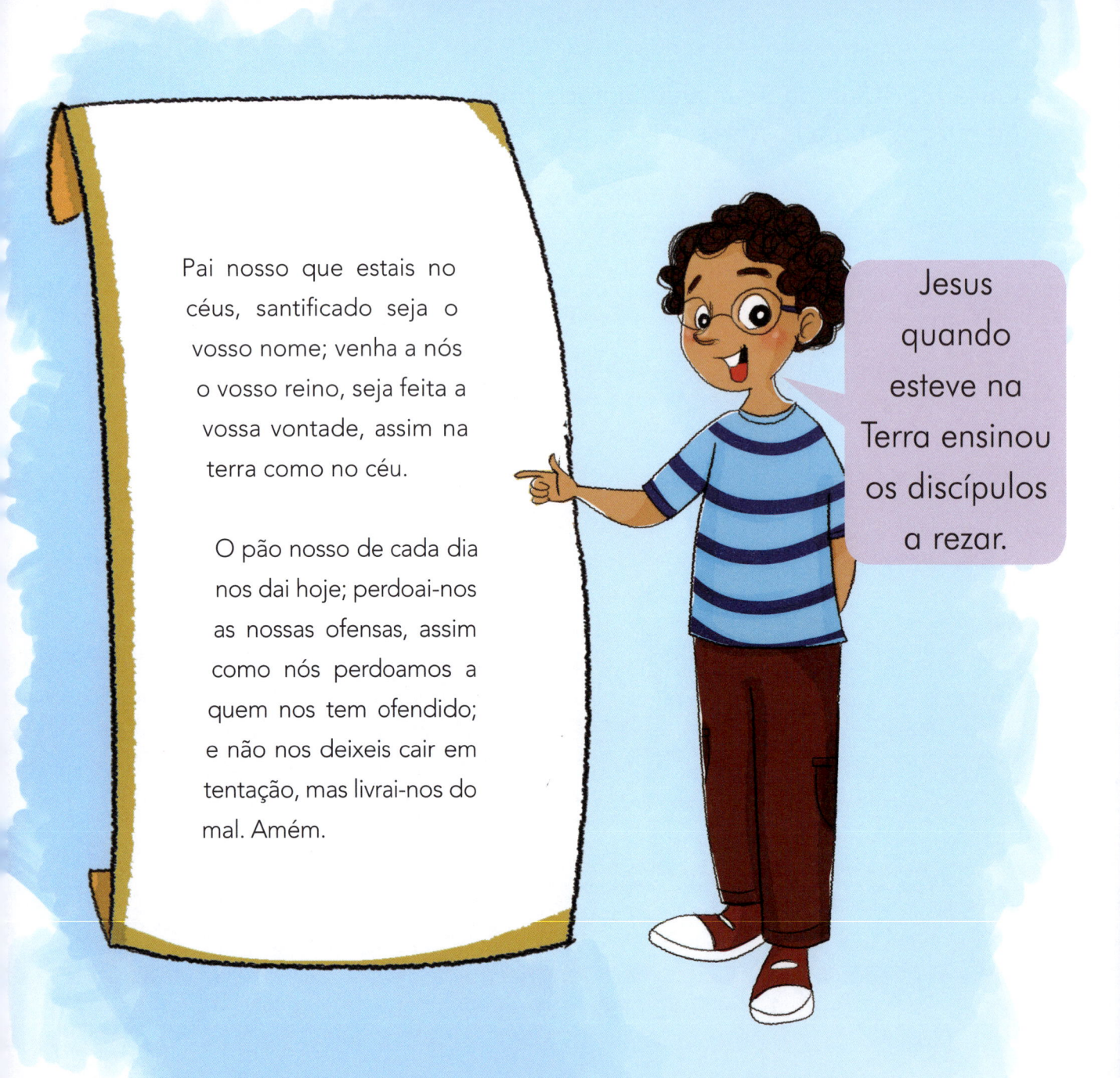

Pai nosso que estais no céus, santificado seja o vosso nome; venha a nós o vosso reino, seja feita a vossa vontade, assim na terra como no céu.

O pão nosso de cada dia nos dai hoje; perdoai-nos as nossas ofensas, assim como nós perdoamos a quem nos tem ofendido; e não nos deixeis cair em tentação, mas livrai-nos do mal. Amém.

Jesus quando esteve na Terra ensinou os discípulos a rezar.

Ouça o que o catequista vai explicar sobre a oração do Pai-nosso. Depois, vamos enfeitar esta oração deixando-a bem bonita.

Jesus rezava sempre ao seu Pai para se sentir bem pertinho dele.

Vamos rezar o Pai-nosso com bastante alegria e deixar Jesus bem feliz conosco.

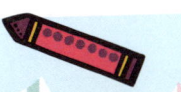

Deus nos deu muitos talentos

Talentos são dons que Deus dá de presente a cada um de nós como cantar, desenhar, dançar... Devemos usar nossos dons para ajudar as outras pessoas.

O homem que recebeu cinco talentos saiu e os usou para ganhar outros cinco talentos (cf. Mt 25,16).

Que tal agradecer pelos talentos que Deus te deu, pintando bem bonito os desenhos.

EU QUERO USAR MEUS TALENTOS PARA AJUDAR AS PESSOAS.

Jesus, ajude-me a descobrir e valorizar meus talentos e que eu possa usá-los para ajudar as pessoas.

 ESCREVER DESENHAR RECORTAR COLAR

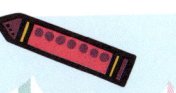

10

DEVEMOS PERDOAR SEMPRE

Jesus disse que devemos perdoar sempre.

Senhor, quantas vezes devo perdoar ao irmão? (cf. Mt 18,21).

✦ Depois de ouvir de seu catequista a história – *Quinzinho, o homem que sabia perdoar –*, desenhe uma cena que demonstre o que você aprendeu sobre perdoar.

✦ No Evangelho também encontramos um ensinamento de Jesus sobre o perdão. Para saber qual é cubra os pontilhados e pinte a frase.

PARA JESUS O PERDÃO NÃO TEM LIMITES

✦ Você sabe perdoar? Então, escreva uma mensagem bem bonita e entregue para alguém que você brigou e quer pedir perdão.

Jesus,

ensine-me a perdoar

sempre aqueles que me

fizerem mal.

11

JESUS CUROU O SURDO

Jesus abre nossos ouvidos e nosso coração!

E muito admirados diziam: "Fez bem todas as coisas; fez os surdos ouvir e os mudos falar" (Mc 7,37).

> Muitas vezes não escutamos o que Jesus tem a nos dizer, ficamos surdos aos seus ensinamentos.

✦ Faça um X nas cenas que demonstram que ouve as palavras de Jesus para se tornar seu discípulo.

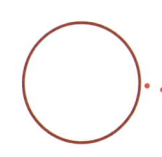

Ouvir com respeito as pessoas mais velhas.

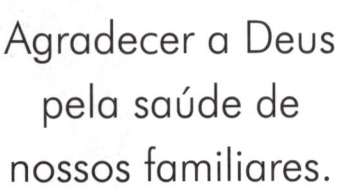

Agradecer a Deus pela saúde de nossos familiares.

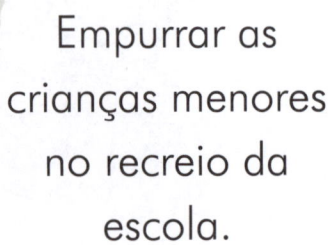

Empurrar as crianças menores no recreio da escola.

Fazer os deveres de casa com bastante capricho.

Participar da missa todos os domingos com a família.

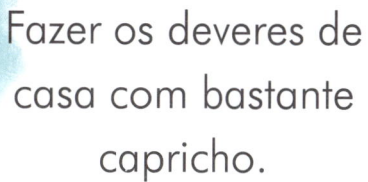

Jesus,
agradeço por ouvir seus conselhos
e, assim, poder sempre te seguir.

ESCREVER   DESENHAR   RECORTAR   COLAR

12 EM TI, JESUS, POSSO CONFIAR!

Com Jesus posso contar sempre!

Coragem! Sou eu! Não tenhais medo (Mt 14,27b).

O que Jesus disse a Pedro quando ele ficou com medo e começou a afundar?

☆ Troque os símbolos por letras e descubra.

♥	⬜	✹	⦿	◆	✳	■	★	◠
A	C	D	E	F	H	I	M	N

◀	❀	➡	✚	⬟	✖	✦	✴
O	P	Q	R	U	V	É	Ê

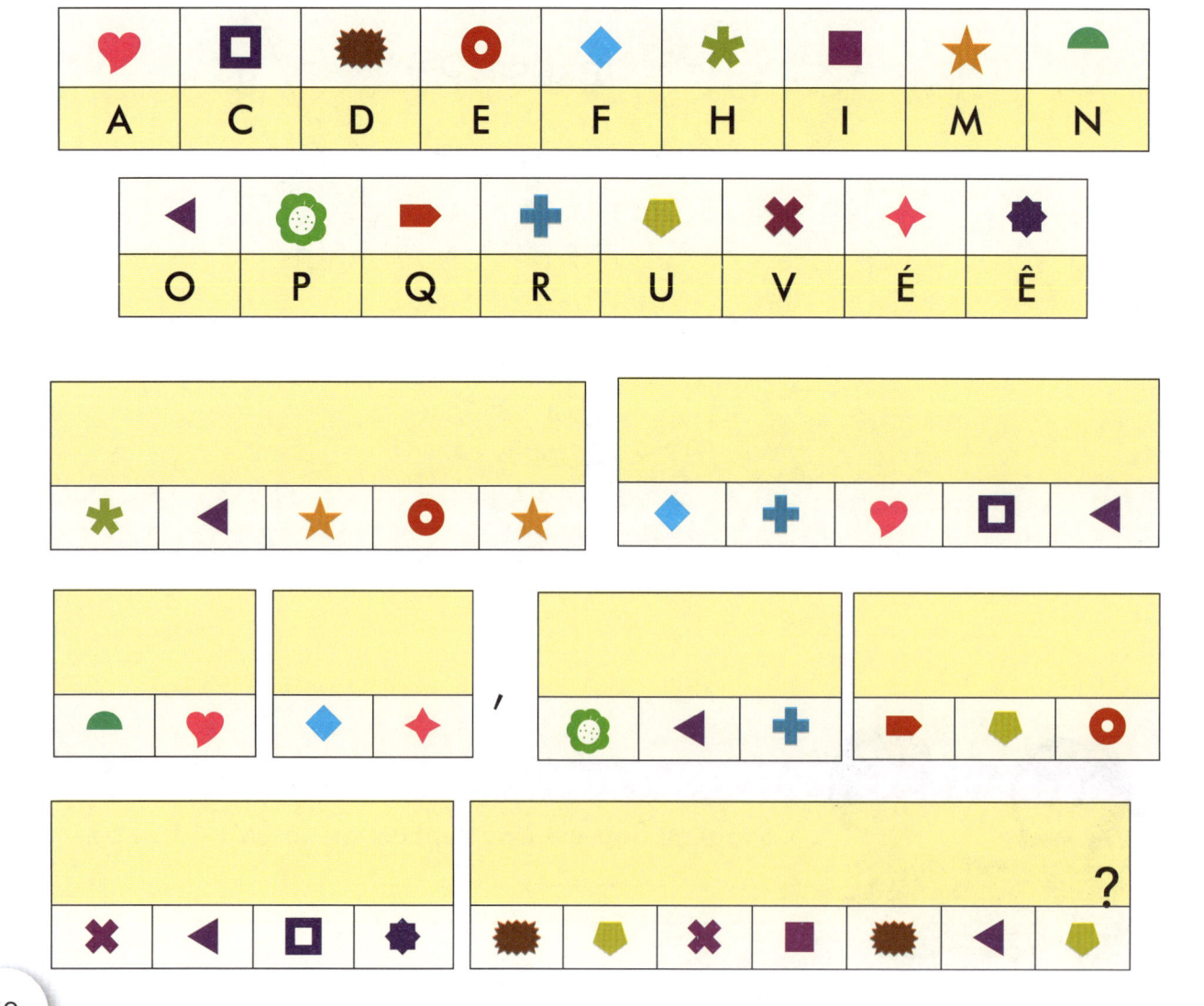

Quando temos Jesus em nossa vida não precisamos ter medo. Ele cuida de nós!

Jesus,

dá-me coragem para

caminhar contigo,

sempre confiante no teu

amor.

ESCREVER   DESENHAR   RECORTAR   COLAR

13 JESUS E MARIA NA FESTA DE CASAMENTO

Como Jesus transformou a água em vinho, também pode transformar nossa vida se acreditarmos nele.

Fazei tudo o que Ele vos disser (cf. Jo 2,5b).

Maria, muito atenta, percebeu que estava faltando vinho na festa e pediu a Jesus que ajudasse os noivos.

Você sabe quantos potes de água Jesus transformou em vinho?

Para descobrir a resposta procure na cena do primeiro milagre de Jesus e complete a frase.

Jesus usou _____ potes de água.

⭐ Escolha e pinte os potes.

Ser mais
OBEDIENTE

Ser mais
ATENCIOSO

Ser mais
CUIDADOSO

Ser mais
RESPEITOSO

Ser mais
AMOROSO

Ser mais
CARINHOSO

Nossa Senhora, muito amorosa, sempre cuidou bem de Jesus. Vamos rezar à mãe de Jesus para que ela também cuide de nós.

Ave, Maria, cheia de graça, o Senhor é convosco; bendita sois vós entre as mulheres, bendito é o fruto do vosso ventre, Jesus.
Santa Maria, Mãe de Deus, rogai por nós, pecadores, agora e na hora da nossa morte. Amém.

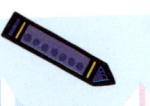

O CUIDADO DE JESUS POR NÓS

Nós somos ovelhinhas de Jesus.

Jesus chama as ovelhas que lhe pertencem pelo nome e elas o seguem porque conhecem sua voz (cf. Jo 10,3b-4).

Jesus quer que sejamos suas ovelhinhas. Para isso é preciso que tenhamos atitudes que agradem a Ele.

✿ Escreva para cada ovelhinha uma dessas atitudes. Depois deixe-as bem bonitas, colando papéis picados.

Eu, _____ , quero ser uma ovelhinha de Jesus.
(escreva seu nome)

Jesus,

obrigado por cuidar de

cada um de nós,

por nos conhecer pelo

nome e amar.

Amém.

JESUS NUNCA DESISTE DE NÓS.

Senhor, deixe essa figueira por este ano, para que eu cave ao redor e coloque adubo nela (cf. Lc 13,8).

Jesus deu a figueira, que não produzia frutos, mais uma chance para se desenvolver. Assim ele também age com cada um de nós: sempre nos dá uma nova oportunidade quando erramos e nos arrependemos.

Agora, observe o desenho e organize as palavras que nos ajudam a ser pessoas melhores e, como a figueira, darmos bons frutos para Jesus, realizando coisas boas para nós e para os outros.

Escreva as palavras que organizou.

Jesus,
quando eu faço algo errado e
me arrependo,
peço-te que eu seja perdoado.

JESUS NÃO CONDENA A RIQUEZA

Jesus nos ensina a usar o que temos para o bem do próximo.

E Jesus disse: "Cuidado com qualquer tipo de riqueza porque a vida de um homem não está na quantidade dos seus bens" (cf. Lc 12,15).

Jesus nos ensina que não adianta estarmos com o bolso cheio de dinheiro, mas o coração vazio de amor, de perdão, de carinho... devemos usar o dinheiro para nosso bem e dos outros.

Leia com seu catequista as frases e converse sobre cada uma delas. Depois, ligue a Jesus as frases sobre o que Ele ensina fazer com os bens que temos: o dinheiro, a casa, o carro, os brinquedos, os materiais escolares.

Não condena quem tem dinheiro, quem é rico.

Concorda com a ganância, com querer tudo para si.

Ama quem partilha.

Critica quem tem dinheiro e não ajuda as pessoas.

✦ Sabendo o que Jesus nos ensina sobre a riqueza, responda desenhando:

Se eu tivesse muito dinheiro o que eu faria

Jesus,

temos coisas maravilhosas,

mas te agradecemos pela nossa vida,

que é o bem mais precioso que temos.

17 A LIÇÃO DO PAI BONDOSO

Vamos comer e nos alegrar, porque este meu filho estava perdido e foi encontrado (cf. Lc 15,24).

✦ Escolha no banco de palavras aquelas que completam as frases.

PAI

PARÁBOLA

PERDIDO.

DEUS

JESUS

FILHO

1. ___ ___ ___ ___ ___ contou uma ___ ___ ___ ___ ___ ___ ___ ___.

2. ___ ___ ___, eu quero a minha parte da herança.

3. Pai, pequei contra ___ ___ ___ ___.

4. Meu ___ ___ ___ ___ ___ que estava ___ ___ ___ ___ ___ ___ ___ foi encontrado.

Jesus nos ensina que Deus Pai sempre perdoa e recebe de volta os filhos que se afastam dele e se arrependem, porque os ama muito.

Ajude o filho arrependido do pai bondoso a voltar para sua casa, pintando o caminho.

Jesus, ajude-me a ser uma criança boa, capaz de perdoar, de pedir perdão e, assim, andar sempre no seu caminho.

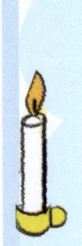

VIVA!

JESUS RESSUSCITOU!

Jesus ressuscitou, que alegria! (cf. Jo 20,1-2.11-17.19).

Jesus antes de ressuscitar passou por grandes dores, humilhações e abandono de seus amigos e, por fim, morreu na cruz.

Para descobrir como isso aconteceu leia com seu catequista a história bíblica em quadrinhos e complete as ilustrações para mostrar por onde Jesus passou.

JESUS PASSOU PELA CRUZ

Ali o crucificaram, juntamente com outros dois, um de cada lado (Jo 19,18).

JESUS PASSOU PELO TÚMULO

No primeiro dia da semana, Maria Madalena veio ao sepulcro bem de madrugada, quando ainda estava escuro, e viu que a pedra tinha sido removida do sepulcro. Maria ficou do lado de fora, chorando junto ao sepulcro (Jo 20,11).

JESUS RESSUSCITADO VISITOU SEUS DISCÍPULOS E DISCÍPULAS

Na tarde do mesmo dia, que era o primeiro dia da semana, estando trancadas as portas do lugar onde estavam os discípulos, Jesus chegou, pôs-se no meio deles e disse: A paz esteja com vocês. Os discípulos se alegraram ao ver o Senhor (Jo 20,19-20b).

Que alegria! Ele estava vivo!

JESUS ESTÁ VIVO NO MEIO DE NÓS!

Jesus ressuscitado,

agradeço-te por estar

sempre ao meu lado.

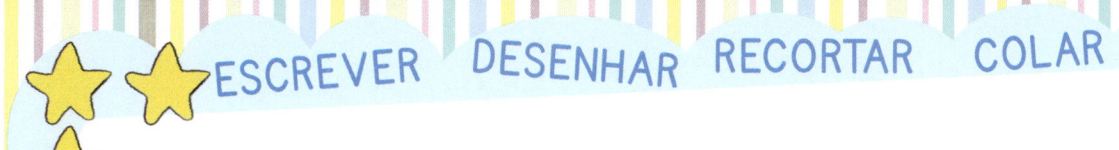 ESCREVER   DESENHAR   RECORTAR   COLAR

Quando estamos cheios do Espírito Santo acolhemos e anunciamos a Palavra de Deus.

Os discípulos viram aparecer, então, uma espécie de línguas de fogo, que se repartiram e foram pousar sobre cada um deles (cf. At 2,3).

Jesus havia dito aos seus discípulos que não os deixaria sozinhos e que não precisavam se entristecer quando não estivesse mais junto deles. Ele enviaria o Espírito Santo.

A chama representa a força e coragem da ação do Espírito Santo sobre os discípulos de Jesus.

✶ Complete o desenho recortando as chamas da página 95 e cole-as acima da cabeça dos discípulos.

✶ Agora pinte o desenho, deixando-o bem bonito!

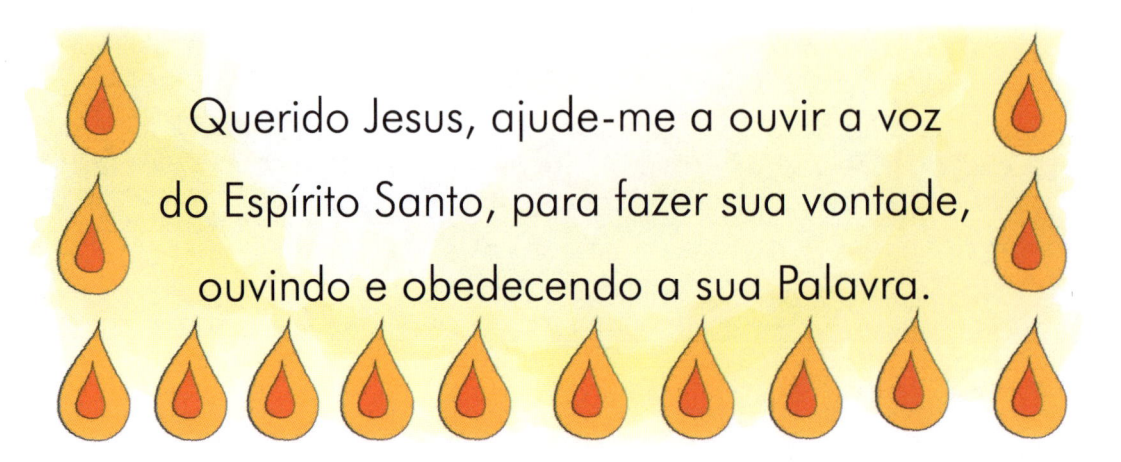

Querido Jesus, ajude-me a ouvir a voz do Espírito Santo, para fazer sua vontade, ouvindo e obedecendo a sua Palavra.

ESCREVER   DESENHAR   RECORTAR   COLAR

Todos os que acreditavam em Jesus Cristo viviam unidos (At 2,44).

Jesus nos faz um convite para ajudá-lo a formar um grupo de amigos, uma comunidade, que vive de acordo com os seus ensinamentos. Uma comunidade onde todos se entendem, se ajudam e se amam.

Vamos levar as pessoas a formarem a comunidade de Jesus? Para isso, pinte os caminhos.

Somos a comunidade de Jesus

✦ Circule as palavras que representam as atitudes que nos ajudam a fazer parte da comunidade de Jesus:

BONDADE

AMIZADE

EGOÍSMO

PERDÃO

BRIGAR

DESUNIÃO

PARTILHA

Jesus, meu amigo,
peço-te a graça de viver na tua
companhia,
participando e ajudando as
pessoas da comunidade.
Amém.

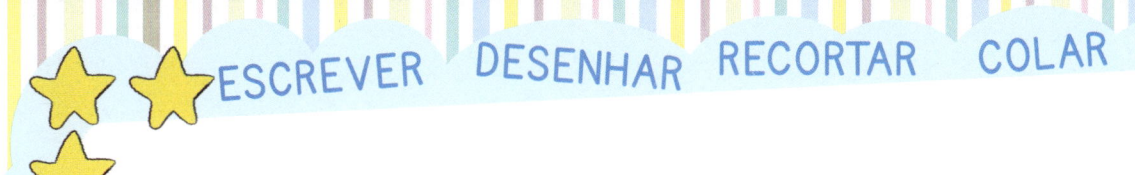   

ESCREVER   DESENHAR   RECORTAR   COLAR

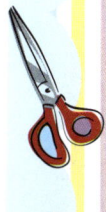

   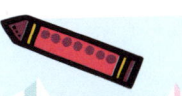 

ESCREVER DESENHAR RECORTAR COLAR

ANEXO 1

ANEXO 2

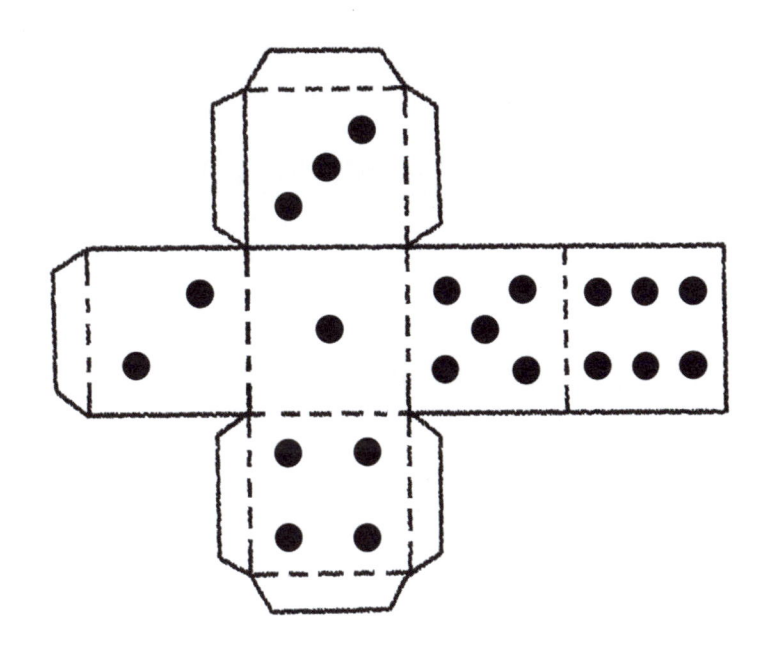

ANEXO 3

Conecte-se conosco:

 facebook.com/editoravozes

 @editoravozes

 @editora_vozes

 youtube.com/editoravozes

 +55 24 2233-9033

www.vozes.com.br

Conheça nossas lojas:

www.livrariavozes.com.br

Belo Horizonte – Brasília – Campinas – Cuiabá – Curitiba
Fortaleza – Juiz de Fora – Petrópolis – Recife – São Paulo

  *Vozes de Bolso*

EDITORA VOZES LTDA.
Rua Frei Luís, 100 – Centro – Cep 25689-900 – Petrópolis, RJ
Tel.: (24) 2233-9000 – E-mail: vendas@vozes.com.br